The Haitian Flag 1803

Drapo Ayisyen

By Berwick Augustin

Illustrations & design by Gabriele Liedtke

Copyright © 2018 by Berwick Augustin
Published by Evoke180 Publishers
Pembroke Pines, Florida
www.evoke180.com

All rights reserved. Except as permitted under the U.S. Copyright Act of 1976, no part of this publication may be reproduced, distributed, stored in a retrieval system, or transmitted in any form or by any means-electronic, mechanical, digital, photocopy, recording, or any other-except for brief quotations in printed reviews, without the prior written permission of the publisher.

Printed in the United States of America

Designed and illustrated by Gabriele Liedtke

Edited by Charles Amisial, Evens Jean, and Sherley Louis
ISBN-13: 978-0-9991822-1-5

Berwick "Underscore" Augustin is a writer and educator whose work can be described as a sponge that has been soaked with a strong blend of culture and spirituality. He is the founder of Evoke180 LLC, a literary movement that uses poetry and theater to fuse the arts and multiculturalism into well-blended body of works to edify the international community.

Berwick Augustin is available for lectures, readings, live performances, and writing workshops. For more information regarding his availability, please visit www.evoke180.com or call 786-273-5115

Pouchon and Natacha ran in the house with great news to share with their parents! Natacha shouted, "Daddy, my teacher said the school is going to celebrate Haitian Flag Day on May 18th!" "We can bring our flags or anything else that has to do with Haiti," Pouchon added.

Pouchon ak Natacha kouri rantre anndan kay la avèk yon nouvèl cho pou vin di paran yo! Natacha rele byen fò, li di, "Papa, pwofesè a di lekòl la pral selebre fèt drapo Ayisyen, 18 Me!" Pouchon ajoute, "Li di pou nou pote drapo nou ak nenpòt lòt bagay ankò nou genyen ki reprezante Ayiti!"

Pouchon was not as happy about the event because he didn't understand why celebrating Haiti's flag was so important. He decided to ask his parents about it.

Pouchon pat twò kontan avèk anons lan paske li pat konprann poukisa fete fèt drapo Ayisyen an te sitèlman enpòtan. Li te deside mande paran li yo plis enfòmasyon sou fèt sa.

His parents explained to him that long ago, black people were bullied and stolen from their homes in Africa to become slaves. "What's a slave?" Pouchon asked. His dad, Liberis, replied, "Slavery is when a stranger takes people from their home, brings them to a place they don't know, and forces them to do things they may not want to do."

Paran li yo eksplike'l ke nan tan lontan, moun blan te konn pran moun nwa an Afrik pa lafòs, yo maltrete yo e mennen yo nan lòt peyi pou fè yo tounen esklav lakay yo. Pouchon mande, "Kisa ki yon esklav?" Liberis, papa Pouchon reponn, "Esklavaj se lè yon etranje kidnape yon moun lakay li, pote li yon lòt kote li pa konnen, epi fòse moun sa fè plizyè bagay li pa vle fè."

Pouchon and Natacha learned that the black slaves were taken to different places across the world. Families were separated to work on farms. Sadly, a lot of the slaves died and most of the kids never saw their daddies, mommies, brothers, or sisters ever again.

Se konsa Pouchon ak Natacha vin aprann moun blan sa yo te konn mennen esklav nwa yo toupatou nan lemonn. Fanmi esklav yo te vin kraze akòz yo te separe nan plizyè kote nan lemonn, pou yo te ka al travay kay moun blan sa yo.

"That's so mean! Who did that? Why did they do it?" Natacha wondered. "Well, this was done by a group of people called Europeans," Liberis replied. He also explained how the Europeans believed they were better than black people because they have a different skin color.

Natacha reponn, li di: "Moun sa yo malfezan mezanmi! Kiyès moun blan so yo ye? Poukisa yo fè yon bagay konsa?" Liberis reponn li, "Gwoup moun ki te fè zak sa yo rele Ewopeyen." Li kontinye esplike kòman Ewopeyen te kwè yo te pi bon pase moun nwa yo paske koulè po yo diferan.

Pouchon inquired, "I thought mommy said we have to love and treat everybody the same way we want them to treat us, even if they look different?" Coralie, Pouchon's mom, responded "Yes, that's true , but unfortunately some people choose not to follow that rule; sometimes they make bad choices."

Pouchon reflechi epi li di, "M'kwè manmi te di tout sa nou vle lòt moun fè pou nou, nou menm tou fè l pou yo?" Korali , manman Pouchon, reponn, "Wi, se vre, men malerezman se pa tout moun ki swiv règ sa; Pafwa, gen moun ki fè move desizyon."

The parents informed their two children that Haiti was one of many places the African slaves were taken to. There, they became known as Haitians. It's also the place where Mommy, Daddy, Grandma, and Grandpa were born.

Liberis ak Korali di timoun yo Ayiti se te youn nan plizyè peyi ke Ewopeyen yo te mennen esklav Afriken yo; aprè plizyè ane nan zile a, yo vin rele yo Ayisyen. Se nan menm zile sa a manmi, papi, grann ou, ak granpè'w te fèt.

Out of all the Africans who were forced into slavery, the Haitians were the first group of blacks in the entire world to put a stop to it. Jean - Jacques Dessalines created the flag by taking the French tricolor flag, ripped out the white center, and asked Catherine Flon, his god-daughter, to sew the blue and red bands together. On May 18th, 1803, in the city of Archaie (ar-Kai-yeah), Catherine sewed the first Haitian flag.

Nan tout Afriken blan yo te fòse fè esklav, Ayisyen se te premye gwoup nwa nan tout lemonn ki te batay kont yo epi pran endepandans yo. Avan sa se blan Fransè kite mèt esklav Afriken yo an Ayiti. Aprè nou finn pran endepandans nou, gras a Papa Jan-Jak Desalinn, ki te chire drapo Fransè a ki te twa koulè: Ble, Blan, Wouj. Li retire koulè blan an, epi li mande fiyèl li, Katrin Flon, pou li koud premye drapo Ayisyen an ak koulè ble e wouj. Zak sa a te fèt 18 Me 1803 nan yon vil an Ayiti ki rele Akayè.

"Everything on the Haitian flag mean something important to our people," Coralie uttered with a smile.

Karoli souri epi li di, "Tout sa ki sou drapo Ayisyen an senbolize yon bagay enpòtan pou pèp nou an."

They also learned that the red represented the blood of the people who died for Haiti to be free. The blue is the union of the black and Mulatto Haitians. "What are Mulattos?" Natacha asked. Liberis proudly stated, "Mulattos were Haitians who had a black parent and another parent who was not black, like mommy. As a people, they realized that the only way for them to end slavery was to come together and help one another even if their skin colors were different."

Anplis de sa, timoun yo aprann koulè wouj la reprezante san pèp la ki te koule pou Ayiti te ka libere. Koulè ble a reprezante linyon ki te fèt ant Ayisyen nwa yo ak milat yo. Natacha reponn, li mande, "Sak rele milat la?" Liberis reponn, li di, "Milat yo se Ayisyen ki gen yon paran nwa avèk yon paran blan. Se Ayisyen ki gen san melanje, tankou manman ou. Antan ke yon pèp, yo te reyalize sèl jan pou yo te ka pran endepandans anba blan Franse, se te pou yo mete tèt yo ansanm epi ede youn lòt menm lè yo pat menm koulè.

The family also talked about the middle part of the flag called the Coat of Arms, which was designed by Haiti's president Alexandre Petion in 1806. The motto "L'union Fait La Force" means there is strength in unity. The royal palm represents 'Poto Mitan,' or central column that supports the people's freedom along with a blue and red cap of liberty. The rifles, cannonballs, cannons, drum, and anchor were tools they used to fight for their freedom.

Aprè sa, fanmi an te pale de manto de zam ki nan mitan drapo a ke prezidan Alekzand Petyon te kreye nan lane 1806. Deviz "L'Union Fait La Force" lan vle di nou gen plis fòs lè nou travay ansanm. Pye palmis lan reprezante 'Poto Mitan' pèp la, ki vle di kolòn santral ki sipòte libète pèp la ansanm ak yon bouchon libète ble e wouj ki sout tèt pye palmis lan. Fizi yo, kanon ak boulèt yo, tanbou, twonpèt, ak lank la senbolize zouti pèp Ayisyen an te itilize pou goumen pou libète yo.

"Once Haiti became free, they helped other people do the same thing. They assisted different places in South America and even helped the United States fight for their independence," Liberis said proudly. "Wow, I didn't know the Haitian flag had so much meaning," mentioned Pouchon.

Avèk fyète, Liberis gade timoun yo epil li di, "Aprè nou te finn pran endepandans nou, Ayiti te ede plizyè lòt pèp pran endepandans yo tou. Nou te ede plizyè peyi nan Lamerik Disid goumen pou libète yo. Yo to Menm ede Etazini goumen pou endepandans yo." Pouchon reponn, li di, "Mezanmi, m pat konnen ke drapo Ayisyen an te gen tout siyifikasyon sa yo non!"

"Celebrating the Haitian flag also means celebrating the culture and traditions of Haiti," Coralie added. She made sure her kids understood that culture is all the things that make a group of people special. For example, the Haitian - Creole language they speak, the rice and beans and other tasty food they enjoy, the Konpa music they dance to, and other special things that make the Haitian people different.

Korali ajoute: "Lè nou selebre fèt drapo Ayisyen an, se kilti ak tradisyon Ayiti n'ap selebre." Korali asire ke timoun li yo konprann ke kilti se tout bagay sa yo ki fè yon gwoup moun espesyal. Pa ekzanp, lang kreyòl Ayisyen yo pale a, diri ak sòs pwa ak lòt bon plat manje yo renmen yo, mizik Konpa y'ap koute epi danse a, ak anpil lòt bagay toujou ki fè pèp Ayisyen an diferan.

Now that they understood the meaning of the Haitian flag, Pouchon and Natacha proudly wore their red and blue outfits to school on May 18 th. Most of all, they recognized how important it is to learn about who they are and where their family comes from before they can appreciate the different cultures around the world.

Aprè Pouchon ak Natacha finn konprann siyifikasyon ak enpòtans drapo Ayisyen an, yo te abiye avèk bèl rad ble e wouj yo ak fyète pou y'al lekòl 18 Me. Saki pi enpòtan nan leson yo te aprann lan, yo te rekonèt kòman li enpòtan pou yo te konnen kiyès yo ye ak ki kote fanmi yo soti anvan yo te ka apresye lòt kilti ki toupatou nan lemonn.

ACKNOWLEDGMENTS

I'm immensely grateful for the gift and ability to write. Thank you to my family and friends who supported the journey and grind from day one, even when they didn't understand the calling on my life. I'm honored that you, the reader, took the time and resources to engage with the words I was inspired to write on paper. Humanity is my race, beyond that Haitian is the culture that was birthed in me. I've learned so much about it, it's only right that I share the vital history with others and leave a legacy for those who will come after me. Our narrative was deliberately buried underground. I and many other writers are resurrecting vital pieces of historical Haitian literature to rightfully disseminate to the masses.

ALSO BY BERWICK AUGUSTIN

NUMBERED WORDS

Words are powerful! They can either breathe or suffocate life. Many times wordiness can defeat the effectiveness of a message. This book is designed to convey succinct poems packed with powerful lessons. The poem's numerical number determines the amount of words it contains; the first one has 1 word while the fiftieth poem has 50 words.

Poetry/978-0999182208

EVOKE180   LLC

www.evoke180.com

BOOK #2

OF THE CHILDREN'S SERIES

BLACK FREEDOM

COMING NOVEMBER 2018!

The Haitian Flag
1803
Drapo Ayisyen
By
Berwick Augustin

www.ingramcontent.com/pod-product-compliance
Lightning Source LLC
Chambersburg PA
CBHW061156010526
44118CB00027B/2992